SECTION
DES TUILERIES.

Extrait des délibérations de l'assemblée générale de la section des Tuileries , du 27 janvier 1791.

OBSERVATIONS.

CET arrêté est un véritable délit ; nous allons en poursuivre légalement le signataire & les aureurs. Citoyens, qui aimez la liberté , lisez attentivement ce que des hommes affichent & impriment contre d'autres hommes , ce qui part d'une de ces assemblées dont la loi désapprouve la permanence, & qui se prétendent des puissances; rappellez-vous le joug ministériel que votre courage a brisé, & compa

A

rez, avec les plus grands excès du defpotifme, cette nouvelle efpece de délation & de profcription. Citoyens, nous allons encore effayer la loi, nous allons lui demander la réparation de cet outrage, la punition de ce délit; & fi la loi cede aux fections, & fi les fections font devenues, par la défertion des bons citoyens, les inftrumens paffifs & funeftes des Jacobins, nous vous dénonçons & la puiffance des fections, & l'impuiffance de la loi.

Il eût été jufte de détailler ces dénonciations; cela n'eût même pas été dangereux, puifque les *jacobins ont juré de défendre les délateurs de leurs fortunes & de leur fang.*

L'affemblée générale légalement convoquée, ayant entendu différentes dénonciations que plufieurs de fes membres lui ont faites, fur les manœuvres fourdes & infidieufes auxquelles fe porte la fociété ou club des foi-difant amis de la conflitu-

tion monarchique , les-quelles tendent toutes à foulevèr le peuple de la capitale ;

De maniere qu'il pourroit en réfulter une infurrection générale dans tout l'empire françois, qui mettroit la chofe publique dans le plus grand danger , & ameneroit infailliblement la guerre civile la plus fanglante.

Ceci eft bien inconftitutionnel & bien abfurde. Il eft de principe *que la volonté générale eft la loi ;* & je demande à ces hommes qui fe connoiffent en infurrection, qui jurent *dans un mouvement inopiné femblable à une infurrection,* je leur demande ce que c'eft qu'une *infurrection générale dans tout l'empire françois qui mettroit la chofe publique dans le plus grand danger,* puifque du moment où elle feroit générale , le vœu des infurgens feroit la véritable loi ; je leur demande encore comment la guerre civile feroit & feroit fanglante , entre l'infurrection générale d'une part, & quelques révol-

Il a été observé notamment que la municipalité, depuis l'arrêté de la section, en date du 28 décem. dernier, auroit dû empêcher ce club prétendu monarchique de continuer ses menées dangereuses ;

Et que le procureur-syndic de la commune auroit dû, pour satisfaire aux fonctions dont il est

tés jacobites de l'autre. Tout cela est d'une absurdité de raisonnement & de rédaction dont peu d'hommes isolés approchent, & qu'une société n'auroit pas dû se permettre.

Cette observation est aussi coupable que ridicule : l'arrêté du 28 décembre, analysé par l'un de nous dans notre numéro 3, est d'une telle ineptie, qu'il n'a pas pu faire d'impression sur la municipalité ; & d'ailleurs la municipalité a fait son devoir ; elle a surveillé nos démarches, & ne les a pas trouvé dangereuses; elle s'est fait présenter nos principes, & ne les a pas trouvé contraires à la loi.

Le procureur-syndic n'a pas dû nous dénoncer, parce qu'il a été chargé d'examiner les dé-

investi, le dénoncer comme distribuant des cartes pour obtenir du pain à un prix fort au-dessous du prix courant.

Que le nombre de cette distribution de cartes s'é-leve déja à plus de trente mille.

Qu'indépendamment de cette charité la plus per-fide & la plus redoutable

nonciations faites contre nous ; il a dû recevoir notre déclaration que nous n'avions jamais don-né que vingt-cinq à trente cartes de pain à un sou la livre, & que nous n'en donnerions plus ; il a reçu cette déclaration, & d'après elle le corps municipal a prononcé.

Ceci est un mensonge impudent, une atroce calomnie ; il y a entre la vérité & l'assertion une différence de 30 à 30000. Cette erreur est lourde pour une assemblée quelconque, mais elle est cruelle quand elle est livrée à tout le peuple, quand elle est consignée dans une affiche, quand cette affiche est dans une ville où la loi ne regne pas encore exclusivement.

Autre mensonge plus atroce. — Il y a eu 2548 pauvres, dont plus des *que les ennemis de la chose publique puissent employer, ce club fait des enregistremens nombreux, dont le calcul s'éleve déja à plus de quarante mille.*

Qu'enfin il est de notoriété publique que ce club est composé de plus de quatre mille individus, tenant tous au souvenir des anciens abus, & à portée de trouver dans d'immenses richesses les plus grands moyens de séduction.

deux tiers sont des femmes ou des infirmes ; ce nombre a été connu ; nous l'avons annoncé, nous avons envoyé les listes aux sections ; & voilà ce qu'on appelle quarante mille hommes enrôlés ! Insensés, comment dénoncez-vous avec cette atrocité un délit dont vous n'avez pas une seule preuve ?

La notoriété publique vous a trompés ; d'ailleurs c'est moins notre force que nos principes qu'il vous est utile de connoître ; quant à nos prétendues richesses, rappellez-vous qui, comment & pourquoi nous avons voulu séduire ; vous verrez que les séduits sont des femmes, des enfans & des infirmes ; que le moyen de séduction étoit du pain, & que le but de la séduc;

Qu'on y a admis, avec une forte d'enthoufiafme, les eccléfiaftiques réfractaires aux décrets de l'affemblée nationale, c'eft-à-dire à la volonté fuprême de la nation.

D'après ces expofés, qui ont démontré de la maniere la plus évidente que la chofe publique étoit dans le plus grand danger;

tion étoit la tranquillité publique.

Ce fait eft faux ; nous le démentons ; nous défions de nommer les eccléfiaftiques dont on parle, le jour où il en a été reçu, & les preuves de ce prétendu enthoufiafme.

Voilà ce qu'on appelle une démonftration ! où fommes - nous, grand Dieu, fi mentir eft une démonftration; fi dénoncer eft une démonftration ; fi afficher eft une démonftration ? — Mais oui, la chofe publique eft en danger, fi toutefois elle n'eft pas perdue ; mais c'eft parce que le defpotifme eft ici ; c'eft parce que les jacobins regnent ici ; c'eft parce que les miniftres ont été remplacés par un club dominateur ; c'eft parce qu'il n'y a ni patrie ni liberté, ni avec le despotisme d'un seul, ni avec le despotisme de plusieurs.

L'assemblée générale rappelle son arrêté du 28 décembre dernier, a arrêté d'une voix unanime, que la municipalité seroit invitée de la maniere la plus pressante, & au nom de la loi, de procurer à la capitale tranquillité & sûreté; en conséquence de faire cesser les assemblées de la société des soi-disant amis de la constitution monarchique; que le procureur-syndic de la commune seroit requis de prendre les mesures les plus justes & les plus promptes pour dénoncer cette société, comme faisant distribuer des cartes à plus de trente mille personnes, pour avoir du pain chez

Ce paragraphe est la répétition des mensonges précédens; il nous offre cependant une espérance, celle d'être vengés par un nouveau jugement municipal. Mais cette vengeance ne nous suffira pas; nous vous appellerons aux tribunaux, citoyens imprudens; nous demanderons à la loi s'il vous est permis de nous outrager impunément, de nous afficher scandaleusement, de nous environner de vos ineptes calomnies, & la loi nous répondra, & la loi vous fera rentrer dans ses limites: où la loi ne sera pas, & où la loi n'est plus, il n'y a plus que les droits de l'homme, les boulangers à raifon d'un fou fix deniers la livre, prix très-inférieur au prix courant, quoique cette denrée de premiere néceffité foit le feul aliment de la claffe la plus indigente ; qu'il fera pareillement requis de dénoncer aux tribunaux cette même fociété, comme faifant des enregiftremens clandeftins, qui, fuivant la notoriété publique, s'élevent déja à plus de quarante mille ; que les chefs & agens de cette affociation feront pareillement dénoncés pour être pourfuivis fuivant la rigueur des loix ; qu'enfin la municipalité fera tenue de porter inceffamment à l'affemblée nationale une pétition, à l'effet de lui demander une loi fur ces largeffes & diftributions exceffives, qui pourroient être faites au peuple par & nous les connoiffons auffi.

des individus & sociétés
factieuses; a en outre arrêté qu'il seroit nommé six
commissaires pour suivre,
soit auprès de la munici-
palité, soit auprès du pro-
cureur syndic de la com-
mune, les differens objets
du présent arrêté, & en
rendre compte successive-
ment à l'assemblée géné-
rale de la section;

Que la présente déli-
bération sera imprimée,
affichée & envoyée aux
quarante-sept autres sec-
tions, avec invitation ex-
presse d'y adhérer dans
le plus court délai, &
de faire faire par leurs
bataillons de nombreuses
patrouilles, moyen le
plus sûr pour déjouer, par
une bonne contenance,
les ennemis du bien pu-
blic.

Qu'enfin elle sera por-
tée par une députation à
l'assemblée de la société

Et la présente réponse
sera envoyée dans tout
le royaume.

des amis de la conſtitu-
tion ſéante aux jacobins.

Signé, BRULART, ſe-
crétaire-greffier.

www.ingramcontent.com/pod-product-compliance
Lightning Source LLC
LaVergne TN
LVHW050230060726
842525LV00007B/2626